3 ゲームとインターネット

3 ゲームとインターネット

はじめに
「ゲームとインターネット」にかかわる仕事について 4

- ゲームクリエイター 6
- プロeスポーツ選手 10
- CGアーティスト 12
- サウンドクリエイター 14
- VRクリエイター 16
- キャラクターデザイナー 16
- モーションデザイナー 17
- ゲームプログラマー 17
- ゲームデバッカー 17
- Webサイト制作者 18
- AIエンジニア 22
- ゲーム機開発者 24
- アプリ開発エンジニア 26
- ネットワークエンジニア 28
- コーダー 28
- システムエンジニア 29
- Webプログラマー 29
- Webマーケター 29

項目	ページ
🎤 インフルエンサー	30
🎤 SNS運営担当者	34
🎤 ホワイトハッカー	36
🎤 ボードゲーム開発者	38
Vチューバー	40
サイバー犯罪捜査官	40
データサイエンティスト	41
サーバーエンジニア	41
クラウドエンジニア	41
在宅ナレーター	42
CADデザイナー	42
パソコンインストラクター	42
さくいん	43
コラム 社会体験授業	46

🎤 マークがついている記事は、インタビューが読めます！

仕事えらびの適性、興味・関心の目安を職業名の右横に3つ表示しています！

マーク	説明	マーク	説明
体力	体力が必要。	自然が好き	海や野山、川などの自然が好き。
運動神経	運動神経が必要。	地道にこつこつ	根気づよくとりくむことが好き。
手先の器用さ	手先をつかった作業が得意。	リーダーシップ	多くの人をまとめていく力がある。
探究心	深くほりさげてきわめるのが好き。	チームワーク	ほかの人たちと協力して仕事ができる。
アートセンス	芸術的センスが必要。	コミュニケーション	ほかの人たちと意見交換ができる。

「ゲームとインターネット」にかかわる仕事について

　スマートフォンやパソコンが普及して、インターネットは私たちの生活に欠かせないものになりました。それはおとなだけでなく、小・中学生の皆さんの生活にも深く浸透しています。こども家庭庁の調査（2024年3月）によると、小学生（10歳以上）と中学生の98.4％がインターネットを利用しているそうです。では、どのような方法でインターネットをつかっているのでしょうか。スマートフォンが60.8％、次いで学校から配布・指定されたパソコンやタブレットが72.8％、ゲーム機が73.2％という結果（複数回答）でした。また、インターネットを利用する目的では、「動画を見る」が小学生の90.5％、中学生の94.1％ともっとも多く、「ゲームをする」も小学生・中学生ともに87.5％となっています（複数回答）。いまや「インターネット」と「ゲーム」は、だれにとっても日常生活の一部になっていると考えられます。こうした状況から「ゲーム」や「インターネット」が成長期の心や体にあたえる影響を心配する声もあります。しかし、知りたい情報をいつで

もどこでも調べることができたり、家族や友だちとSNSやメールで気軽に連絡を取りあうことができたり、それを可能にしたのはインターネットです。また、ゲームは身近な遊びのひとつであり、世界中の人々と知りあったり友だちになったり、社交性やコミュニケーション力をみがける豊かなツールといえます。じょうずにインターネットやゲームを楽しむために、家族といっしょに話しあって利用する場所や時間帯などのルールを決めましょう。

　この本では、小中学生の皆さんの関心が高いゲームとインターネットにかかわる仕事を紹介しています。この分野ではコンピュータやインターネットなどの技術革新によって生まれた新しい仕事、いままでなかった仕事も次々と登場しています。将来、皆さんが仕事をえらぶときの参考にしてもらい、自分らしい充実したはたらきかたを実現するために役だててほしいと願っています。

「新・仕事の図鑑」編集委員会

ゲームクリエイター

アートセンス
リーダーシップ
チームワーク

ゲームのアイデアを考え、各分野の専門家とチームをくみ、みんなを楽しませる作品をつくりあげます。

▲「サバイバルクイズシティ」は、クイズの成績で勝ち組と負け組に分かれて、さまざまなアスレチックにいどみ、最後の1人になるまで生きのこって優勝をめざす。このゲームを開発した重田佑介さん。

どんな仕事かな？

ゲームクリエイターは、家庭用ゲーム機やパソコン、スマートフォンなどで遊べるゲームソフトを企画、制作する仕事です。現代のゲームは複雑化していて、ひとりですべてをつくりあげるのは困難になっています。そこで、企画、シナリオ、デザイン、音楽、プログラミングなど、各専門家がチームをくんでひとつの作品をつくりあげていくのがふつうです。それらのスタッフをまとめて制作全般にたずさわり、ゲームづくりの総監督ともいうべき仕事がゲームクリエイターです。どんなゲームをつくるかという企画の段階から参加し、登場人物やストーリー、背景などあらゆる面においてアイデアや指示をだし、プロジェクトを完成にみちびきます。ゲームクリエイターには、人気ゲームをつくりだすアイデア、おおぜいの専門スタッフをまとめるリーダーシップ、ゲーム全般に関する知識や技術など、幅広い能力が必要とされます。

ゲームクリエイターの仕事内容は制作会社によっ

▲2022年3月公開の「サバイバルクイズシティ」。インターネットを通じて、最大30人まで参加できるオンラインゲーム。

てことなり、ゲーム制作にかかわるすべてのクリエイターの総称である場合もあります。また、ゲームをつくる仕事には、ゲームクリエイターのほかに次のような職種があります。

【ゲームディレクター】ゲームクリエイターやプランナーといっしょに企画から完成まで制作にかかわります。スタッフをまとめたり制作途中でおきるトラブルに対応したり、スケジュールの管理など現場監督的な役割をつとめます。

【ゲームプランナー】ゲームを制作するための企画書を作成し、ゲームの構成を考えます。どんなゲームをつくるのか、登場人物、シナリオなどをチームで話しあい、仕様書（設計図）も作成します。

【ゲームプログラマー】ゲームの設計図にもとづいて、プログラミング作業をおこないます。

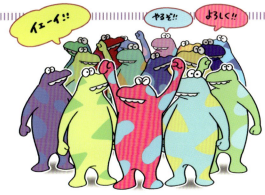

▲「サバイバルクイズシティ」のキャラクター〝ギャー君〟。

【CGアーティスト】ゲームに登場するいろいろなキャラクターや、建物、背景などをCG（コンピュータグラフィックス）で作成します。（P12参考）

【サウンドクリエイター】ゲームで流れるテーマ曲やBGM、効果音など、あらゆる音をストーリーやイメージにあわせて制作します。（P14参考）

【デバッカー】完成したゲームのテストをくり返して、ゲームの不具合や問題点をみつけます。（P17参考）

ゲームソフト制作の流れをみてみよう！

1 ゲームの企画をたてる
どんなゲームをつくるのか、アイデアをだしあい、チームで話しあいます。方向性が決まったら企画書をつくり、予算や制作期間などゲームを構成するすべての要素を仕様書にまとめます。

2 ゲーム制作をスタート
企画がとおればゲームの制作を開始。ゲームのルールを決め、キャラクターや背景のデザイン、シナリオの作成、ゲームに流れる曲づくりなど、各分野の専門家が作業を進めます。

3 テストをくりかえす
ゲームが完成したら、実際にプレイして不具合やトラブルがないかをチェックする「デバック」という作業をおこないます。

4 公開する
発売にあたって、イベントの開催や広告、CMなど利用者への宣伝活動をおこないます。

◀「サバイバルクイズシティ」プレイ画面。

ゲームクリエイター

インタビュー

重田 佑介 さん
株式会社バンダイナムコスタジオ

いままでにないゲームを生みだしたい

自分にしかつくれないオリジナル作品の開発がテーマ。
プレイヤーの心を熱くさせる、楽しくておもしろい
ゲームづくりに力をそそいでいます。

どんな仕事をしていますか？

ぼくが企画した「サバイバルクイズシティ」は10人前後の少人数で開発した作品なので、仕様書を書いたり、ゲームデザインも手がけたり、全体の運営や進行まで、幅広くなんでもやりました。それまでは100人から200人のスタッフがかかわる大型作品の開発だったので特定のパートを手がけていました。

▶ゲーム開発ではパソコンにむかっている時間は長いが意識してオンオフを切りかえることにしている。

この仕事をするきっかけは？

こどものころからゲームでよく遊んでいて、大学時代には時間を音で教えてくれるアプリを開発するなど、ものづくりに興味を持ちました。それで卒業後は何かをつくる仕事がしたい、ゲームづくりがおもしろそうだと思ったんですね。

「サバイバルクイズシティ」開発のきっかけは？

ポップでワチャワチャ、おおぜいで楽しめるゲームをつくりたいと思ったんです。企画書を書いて上司に提案したら「やってみれば」といってもらえました。でも大型プロジェクトが優先されるので、メンバーを集めるのがたいへんだったり、予算がかぎられていたり。自分でもためしておもしろくなかったら、何度もつくりなおしたりして完成まで3年ぐらいかかりました。最初から最後まで手がけることができたので、貴重な経験になりました。

もっと知ろう 代表的なゲームの種類

ゲームには内容や遊び方でいろいろな種類があります。

ロールプレイングゲーム：プレイヤーがゲームの主人公になって冒険や戦闘をおこなう。

アクションゲーム：敵をたおしたり障害物をさけたりしてゴールをめざす。

パズルゲーム：落ちてくるブロックを消したり、いろいろなパズルをといたりして楽しむ。世代をこえて人気がある。

レースゲーム：車やバイクなどの乗り物を操縦して順位やタイムをきそう。

シューティングゲーム：銃などを撃ちながら敵をたおして進んでいくゲーム。

わたしのマイゲーム

▶いつも持ち歩くマイボトル。中身のベストはミネラルウォーター。

◀愛用のパソコン。「サバイバルクイズシティ」のシールが目印。

楽しいこと、たいへんなことは？

　ゲームのアイデアを考えたり手を動かしたりしているときがいちばん楽しい。むずかしい作業でも苦になりません。完成して公開というときより、ぼくはものづくりのプロセスのほうが楽しいですね。
　たいへんなのは、予算や完成までのスケジュールが決まっているので、自分がめざすところと折りあいをつけること。何を優先させるか、なやみます。

 ## アイデアを生みだすひけつは？

　バラエティ番組をみておもしろいと思ったことや、音楽をきいていいなと思ったことなどが、アイデアにむすびつく。ふだんからそれをストックしておいたり、さがしたりすることを心がけています。いろんな物ごとに興味や関心をもつこと、たいせつなのは好奇心だと思います。

▲「サバイバルクイズシティ」の開発では、チームメンバーとのミーティングや試作をくりかえして完成させた。

これだけは伝えたい！

好きなことをみがこう！

　君の好きなことやものは何だろう。たとえば、みんなが人気ゲームをやっていたとしても、ちがうゲームが好きだったら、それをたいせつにしよう。人とちがうこと、それが君の個性や魅力になると思う。自分が好きだと思うことにトコトンこだわって、好きなことをみがいてほしい。それがゲームづくりには必要だし、役だつと思います。

▲ 2023年10月配信の第2弾「サバイバルクイズシティおまつり編」1人でもプレイでき、最大20人まで参加できる。

▲「サバイバルクイズシティおまつり編」プレイ画面。

 ## 仕事でたいせつにしていることは？

　人とおなじものはつくりたくない。自分にしかつくれないオリジナル作品をつくること。たとえ、まわりの人たちが評価してくれなくても、ブレないで自分のつくりたいものをつくる。ゲームクリエイターとして、ぼくが心がけていることです。

ゲームクリエイターに なるには

　資格は問われませんが、最近は人気の職業となっているので専門学校や大学の養成コースで専門知識や技術を身につけると就職に役だちます。独学で技術をみがいてゲームクリエイターをめざす人もいます。ゲーム会社のコンテストなどに作品を応募して評価されれば就職に有利にはたらくでしょう。

この仕事への道

中学 → 高校・専門学校・大学など → ゲーム機メーカー・ゲーム制作会社 → **ゲームクリエイター**

プロeスポーツ選手

体力
運動神経
探究心

コンピュータゲームなどeスポーツの競技大会に出場して好成績をあげ、賞金の獲得をめざします。

▲「ぷよぷよ」は発売から30年以上愛されているアクションパズルゲーム。2018年、日本eスポーツ連合（JeSU）の公認タイトルとなりプロ選手が誕生した。競技大会でプレイするプロeスポーツ選手のぴぽにあさん（上左と右）。現在、JeSU公認競技はぷよぷよをふくめて18タイトル（2025年1月）。

どんな仕事かな？

eスポーツとは「エレクトロニック・スポーツ」の略称で、コンピュータゲームやビデオゲーム、モバイルゲームなどの対戦競技のことです。現在、eスポーツの競技人口は、世界では1億3000万人、日本では約400万人。日本で正式にプロeスポーツ選手として登録されているのは336人（2025年1月現在）です。

プロeスポーツ選手の主な仕事は、大会に出場して好成績をおさめることで、上位に入賞すれば賞金を獲得できます。ほかにも、イベントへの出演やプレイ動画の配信、スポンサー契約企業の広報活動などの仕事があります。

アメリカや韓国、中国など海外では日本以上にeスポーツの人気が高く、巨額の賞金が提供される大会もめずらしくありません。将来的には、オリンピックの正式種目になる可能性もあります。

プロeスポーツ選手として活躍するには、ゲームが好きなだけでなく、プレイヤーとしての優れた技術、戦略、センスが必要です。さらに、毎日何時間もの練習をこなす努力や、長時間のプレイに耐えられる体力や精神力も身につけなければなりません。

◀プロeスポーツ選手として、セガ公式大会で優勝6回、入賞17回を達成しているぴぽにあさん。ぷよぷよ現役プロ選手41人中の最多記録である（2025年1月）。

インタビュー

eスポーツの楽しさを広めたい

ぴぽにあ さん
SBI e-Sports

システムエンジニアをやめてeスポーツ選手として奮闘。
eスポーツファンをふやす活動に力を入れています。

🎤 この仕事をするきっかけは？

ぷよぷよをはじめたのは小学5年生のころ。大学卒業後はシステムエンジニアとしてはたらきながら、プロライセンスを取得して選手活動もやっていました。でもどうせやるなら頂点をめざしたいと、会社をやめて選手に専念することに。「ぴぽにあ」という名前はパイオニア（先駆者）にひっかけてつけました。

🎤 うれしいこと、たいへんなことは？

ぷよぷよの魅力は、シンプルだけど奥が深くてあきないこと。プレイに個性や人間性が出てしまうところもおもしろい。たいへんなのは、若くて強い選手が次々と出てくるので、かれらと戦って勝つにはどうすればいいか考えること。小学3年生の天才がいて、もうすぐ抜かれてしまいそう（笑）。

🎤 仕事で心がけていることは？

プロ選手としての目標はほとんど達成できたので、いまはオンライン大会の運営や視聴者をふやすためにYouTubeでの配信活動などに力を入れています。若手選手が輝くための環境づくりもつねに考えています。全国各地のプログラミング教室で講師をつづけているのは、収入を安定させるためです。

わたしのアイテム

▶愛用のぷよぷよユニフォーム。色とデザインは何種類かある。「PRO」の文字がかっこいい。

プロeスポーツ選手になるには

学歴や資格は必要ありませんが、eスポーツコースのある高校や専門学校、大学で基礎知識や技術を学ぶこともできます。また、eスポーツ大会で好成績をあげれば、プロチームにスカウトされることも。「日本eスポーツ連合」では、大会の実績をもとに独自のプロライセンスを発行しているので、取得すればプロ選手として活躍することができます。

これだけは伝えたい！

どんな経験もゲームに役だつよ

実力本位のきびしい世界で、プロ選手として活躍できる人はほんのひとにぎり。本気でeスポーツ選手をめざすなら、勉強もちゃんとやったうえでいろいろなことにチャレンジしてほしい。どんな経験もゲームに役だつので、何でも情熱をもってやることが大事です。

この仕事への道

中学⇒高校・専門学校・大学など → eスポーツ競技大会 → プロライセンス取得 → プロeスポーツ選手

CGアーティスト

アートセンス
地道にこつこつ
コミュニケーション

空想の世界、目にみえないもの、行けない場所などを、コンピュータをつかって動画や映像でつくります。

▲高性能コンピュータとCG・デザイン・編集などの専門ソフトをつかいわけて、CG制作にとりくむ遠藤航輝さん。

どんな仕事かな？

CGはコンピュータグラフィックスのこと。CGアーティストは、コンピュータをつかって動画や映像、イラストなどをつくりだす仕事です。現在ではCGは、ゲームやアニメ、映画はもちろん、広告、建築、工業デザイン、医療、科学シミュレーションにまで幅広く利用されています。

CGをもちいることで、ふつうはみることができないものや、現実にはありえない空想の世界などを立体的にリアルに表現することができます。たとえば、開発予定の街のようすをCGでみせたり、肉眼ではみえない微生物の動きを表現したりできます。

CGアーティストの仕事は、デザイン力や発想力、芸術的なセンスも必要ですが、コンピュータの基礎知識や操作方法なども身につけなければなりません。とくに、CGでつかわれる制作ソフトは進化や改良のスピードが早いので、最先端の情報や技術を積極的に学んでいく意欲や向上心も必要とされます。また、依頼主からの注文を受けて、チームで協力して作業を進めることもあるので、メンバーとのコミュニケーションもたいせつです。

◀チームメンバーとミーティングをかさねながら、ひとつの作品を分担してつくりあげることもある。

12

インタビュー

現実にない映像をつくりだすよろこび

車が流れるように走るシーンなど、撮影がむずかしい場面をCGで制作。みる人を楽しませたい。

遠藤 航輝 さん
株式会社QREAZY

🎤 この仕事をするきっかけは？

工業高校で情報技術を学び、部活では段ボールでオブジェを制作。CGに興味をもったのは、人気ゲームの映画化「ウォークラフト」をみたのがきっかけです。CGでどうやってつくったのか、しりたくなりました。高校卒業後はCGの専門学校に入学、卒業と同時にCG制作会社に就職しました。

わたしのアイテム

▲CGはVR（仮想空間）コンテンツの制作にもかかせないので、VRゴーグルも必須アイテム。

▲基礎技術や解剖学などCG制作の教科書。

▶CGにリアルな動きをつけるには、人体の動きや構造の理解も大事。人体模型が役だつ。

これだけは伝えたい！

興味があったらCGに挑戦してみよう！

最近は、学校の図書室にCGにかかわる本やテキストブックがならんでいたりすることもある。パソコンでさがせば、無料でつかえるCGソフトもあるので、興味があったらまず自分でCG作品をつくってみたらいいと思う。挑戦してみることが大事だと思います。

🎤 楽しいこと、たいへんなことは？

入社して4年目。いまは仕事で何をやってもつくっても楽しい。頭の中にあるイメージをどんな方法で映像にしたらいいか悩むこともあるけど、うまくいったときは達成感やよろこびを感じられます。

たいへんなのは、CG制作には正解がないこと。完成したCGの評価を決めるのは依頼主で、自分がいいと思ってもやり直しになることも。依頼主の好みやセンスにあわせるのがむずかしい。でも仕事でいろいろな経験をするうちに、少しずつ依頼主が何を求めているかがわかるようになってきました。

🎤 この仕事のやりがいは？

完成した作品を映像という形で、実際にみることができること。CG制作者として自分の名前が掲載されたときも、やりがいにつながります。

公開された作品を家族や友人にみてもらい、楽しんでもらえるのも、この仕事の魅力だと思います。

CGアーティストになるには

CGアーティストには、専門的な知識や技術、経験が必要です。独学で勉強して制作会社に入って経験を積む道もあります。大学や専門学校でCGの知識や技術を学び、制作会社に就職するほうが一般的です。また、「CGクリエイター検定」を受けて技術を証明できれば、就職に役だちます。

この仕事への道

中学⇒高校 → 専門学校・大学など／独学 → CG制作会社 → CGアーティスト

サウンドクリエイター

アートセンス
地道にこつこつ
コミュニケーション

ゲームをドラマチックに演出して、プレイヤーをワクワク、ドキドキさせるサウンドをつくります。

▲音楽スタジオで、作曲したゲーム曲の音のバランスなどをレコーディングエンジニアに指示する松林凜さん。

どんな仕事かな？

サウンドクリエイターは、ゲームやアニメ、映画、ドラマなどで使用するテーマ曲やBGM、効果音などをつくる仕事です。音楽によって映像作品のムードを演出したり、シーンを印象づけたり、きく人に感動をあたえたりすることができます。

いま、サウンドクリエイターの活躍の舞台のひとつとなっているのがゲーム業界です。ゲームで流れる音楽をテーマやキャラクターにあわせて作曲するだけでなく、編曲や効果音の制作など幅広い仕事があります。また、ゲームの雰囲気にあったサウンドをつくるには、ゲーム開発者であるディレクターやデザイナーと話しあいをかさねて制作することがたいせつです。

サウンド制作にはいろいろな方法があり、DAW（音楽制作ソフト）をつかって作曲から効果音までつくることもあれば、レコーディングスタジオで楽器の生演奏や歌手のヴォーカルを録音してつくりあげることもあります。

音楽が好きというだけでなく、よい作品をつくりたいというプロ意識や音楽に対する自分自身の感性やセンスをみがく努力が求められる仕事です。

◀松林さんが作曲につかう楽器はキーボードとギター。ふだんは在宅勤務で、月に一度ぐらいスタジオで収録作業をする。

インタビュー

松林 凜 さん
株式会社 INSPION

音楽で、きく人に楽しさと感動を

さまざまなシーンにあわせてサウンドを制作。
ゲームの楽しさを引きたてる音楽づくりが目標です。

この仕事をするきっかけは？

4歳からピアノを習いはじめ、中学・高校は音楽科のある一貫校へ。音学大学のピアノ科に行くつもりでしたが、当時流行していたインターネット音楽を知ったことで作曲に興味がわき、サウンドクリエイター専門学校に進学。在学中に制作した曲をきいた人にスカウトされて入社しました。

わたしのアイテム

▲ 曲づくりで音程や歌詞を確認するには五線譜が役だつ。

▲音楽制作はDAWをつかっておこない、ヘッドホンも必需品のひとつ。

▶作曲にかかせない愛用のエレクトリックギター。アメリカの楽器メーカー「フェンダー」製。

これだけは伝えたい！

音楽好きならチャレンジしよう！

ぼくは好きが高じて音楽をつづけてきたので、こどもたちにも楽しく音楽とつきあってほしい。でも音楽が好きだからといって職業にできる人は少ない。それだけに音楽を仕事にできたら、ほかの仕事では味わえないよろこびがあります。音楽好きならあきらめずに挑戦しよう。

楽しいこと、たいへんなことは？

うれしいのは、自分のイメージどおりの作曲ができて、依頼主からもよい反応がかえってきたとき。自作曲がYouTubeなどのSNSで話題になって「かっこいい」「いい曲だよね」とか好意的な評価をもらえたときは、曲づくりが楽しくなります。

依頼主の要望にあわせてイメージや世界観を音楽で表現しなくちゃならないのが、むずかしいところ。完成した曲が以前つくった曲に似ていたり、アイデアがまったく出てこなかったり、そんなときはこの仕事のたいへんさを感じます。

仕事でたいせつにしていることは？

ぼくは理論的に考えて作曲するタイプ。たとえば、3つの音をかさねる和音進行では、よくある進行でなく、別の表現をさがして試行錯誤をくりかえします。それで失敗することもあるけど、いろいろためすのが楽しい。表現の幅を広げることや新しいサウンドにチャレンジすることを心がけています。

サウンドクリエイターになるには

学歴や資格は必要ありません。一般的には、音楽大学や専門学校などで作曲や効果音の基礎知識やDAWのつかい方を学び、ゲーム制作会社やサウンド制作会社に就職します。就職を選択せずにフリーランスで活躍する人もいます。

この仕事への道

中学⇒高校 → 音楽大学・専門学校など → ゲーム制作会社・サウンド制作会社・フリーランス → サウンドクリエイター

VRクリエイター

探究心
アートセンス
チームワーク

VR（仮想現実）技術で立体映像をつくり、ゲームや建築、医療などさまざまな分野に活用します。

VR映像はVRゴーグルをつけて楽しむことで、自分が映像の中にいるかのような没入感が味わえる。

　まるで自分がゲームや映画の世界にいるような感覚を味わえるのがバーチャルリアリティ（Virtual Reality＝VR）。コンピュータでつくりだした仮想の空間を現実のように体感させる技術のことです。VRクリエイターは、その技術をつかってリアルな映像を生みだす仕事。VRの制作には、ゲーム開発エンジンや立体空間を表現できる3DCG、プログラミング、動画撮影や編集技術まで幅広い知識と技術が必要とされます。専門学校や大学などでVR技術を身につけ、ゲーム制作会社やVR制作会社に就職して、現場で経験を積みながらVRクリエイターをめざすのが一般的です。

この仕事への道

中学⇒高校 → 専門学校・大学など → ゲーム制作会社・VR制作会社 → **VRクリエイター**

キャラクターデザイナー

アートセンス
地道にこつこつ
コミュニケーション

ゲームやアニメの登場人物の顔・髪型・スタイル・ファッションなどをデザインします。

ゲームやアニメだけでなく、キャラクターが登場する広告やCMがふえていて活躍の場が広がっている。

　ゲームやアニメ、映画などに登場するイラストやCGのキャラクター（登場人物）の外見やイメージをデザインする仕事です。作品にあわせて、主人公やライバル、モンスター、動物など多種多様なキャラクターを創作します。原作がある場合は原作のイメージをこわさないようなデザインが求められ、オリジナル作品の場合は、顔、髪型、体型、服装、持ちものまでつくりだす想像力が欠かせません。
　登場人物は作品の魅力を左右するたいせつな存在。絵やイラストを描く技術だけではなく、作品の世界観やストーリーにあったキャラクターをつくるアイデアや創造力が求められます。

この仕事への道

中学⇒高校 → ゲーム・アニメ専門学校・美術系大学／独学 → ゲーム・アニメ制作会社 → **キャラクターデザイナー**

モーションデザイナー

探究心 / アートセンス / コミュニケーション

キャラクターに動きをつけ性格や感情を表現します。

ゲームのキャラクターにCGなどで動きをつける仕事です。たとえば、刀をかまえた剣士でも、熟練した達人と経験のあさい剣士では動きや立ち居振るまいがかわってきます。キャラクターにあった個性的なモーション（動き）をつけることで、キャラクターの性格や感情などがみる人に伝わります。キャラクターが生き生きと動くことで、みる人はゲームの世界に引きこまれていくのです。キャラクターに命を吹きこむ作業ともいわれています。大きなプロジェクトでは、表情、身体、髪の毛、服装など各チームに分かれてデザインするのがふつうです。

また、キャラクターだけではなく、ゲームの背景に登場する雲の動きや車の流れ、風に揺れる草などさまざまなアイテムの動きも担当します。

この仕事への道

中学⇒高校 → ゲーム専門学校・CG専門学校・美術系大学など → ゲーム制作会社など → モーションデザイナー

ゲームプログラマー

地道にこつこつ / チームワーク / コミュニケーション

ゲームを動かすためのプログラムをつくります。

プランナーなどが決めたゲームの設計図にもとづいて、コンピュータでプログラミングをおこなう仕事です。たとえば、キャラクターデザイナーが考えた「主人公の動き」やサウンドクリエイターが決めた「ここでこの音楽を流す」といったアイデアを、そのとおりになるようにプログラムをつくっていきます。ひとつのゲームのプログラムは膨大な量になるので、複数のゲームプログラマーが分担しておこなうのがふつうです。コンピュータに指示するためのプログラミング言語を習得しているだけでなく、ゲーム機のしくみなども理解していなければなりません。プログラマーになるには、工業高校などで基礎を学び、プログラミングを学べる専門学校や大学で本格的に技術を身につけるのが一般的です。

この仕事への道

中学⇒高校 → 専門学校・大学／独学 → ゲーム制作会社など → ゲームプログラマー

ゲームデバッカー

探究心 / 地道にこつこつ / コミュニケーション

ゲームのバグをみつけて修正します。

「バグ」とはプログラミングのミスで発生したエラーや不具合のこと。「デバック」はバグを発見する作業のことで、この作業をまかされているのがゲームデバッカーです。ゲームデバッカーは、開発中のゲームを実際にプレイして、バグがないかを確認し、もしもバグがあればそれを修正します。

その後ふたたびプレイして、バグがなくなるまで修正をくりかえします。ゲームをつくるうえで欠かせないたいせつな工程ですが、単純作業をくりかえす地味な業務なので、かなりの根気と集中力を必要とする仕事です。

資格はとくに必要ありませんが、専門学校などでプログラミングなどを学び、ゲーム制作会社やデバック専門会社に就職します。

この仕事への道

中学・高校・専門学校など → ゲーム制作会社・デバック専門会社 → ゲームデバッカー

17

Webサイト制作者

チームワーク
コミュニケーション
地道にこつこつ

多彩なアイデアでみる人をひきつけるWebサイト（ホームページ）を制作する仕事です。

▲ ASEAN（東南アジア諸国連合）と日本の友好協力50周年を記念したWebサイトは、株式会社アマナの各分野の専門家がチームを組んで制作した。左から、土方由美さん（Webディレクター）、岩渕孝太郎さん（プロデューサー）、結城香織さん（プランナー）、能上英之さん（アートディレクター）。

どんな仕事かな？

Webサイトとは、インターネット上に公開されているページのことで、情報を発信したり受信したりすることができます。ホームページともいいます。Webサイト制作者は、企業や組織、個人むけにこのWebサイトをつくるのが仕事です。

Webサイトをつくりたいと思っている人の目的は、インターネットで商品を販売したい、会社の紹介や宣伝をしたい、お客さんとのコミュニケーションをはかりたいなどさまざま。現在は、企業だけでなく、行政機関や各種団体などほとんどの組織が、Webサイトを開設しています。

Webサイト制作では、いろいろな職種の人がチームを組んでおこなうのがふつうです。Webサイト制作にかかわる職種と仕事内容には、主に右のようなものがあります。各職種の役割は明確に区別されているわけではなく、複数の職種のスタッフが連携していっしょに作業したり一人のスタッフが複数の職種をかねたりすることもあります。また、会社によって職種の名称や役割がちがう場合もあります。

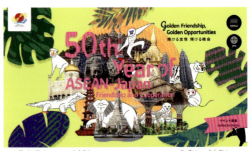

▲ ASEANには東南アジアの10か国が加盟。特定の国にかたよりがないように配慮しながら「ASEANの森」というアイデアをヒントに完成したメインビジュアル。

【プロデューサー】
　Webサイトの制作にあたり、依頼主との話しあいから企画、設計、制作、公開・運用まで全体をまとめる役割をにないます。最高責任者であり、スタッフの選定と任命、予算や制作スケジュールの管理、完成したWebサイトのチェックなど、幅広い仕事をこなせる能力と経験が必要です。

【プランナー】
　Webサイトの企画立案者です。依頼主から要望やサイトのイメージなどを聞きだして、市場調査をおこなったり、消費者ニーズを分析したりして、Webサイトの設計図となる企画書を作成。依頼主に提案してサイトの方向性や内容を決定します。

【Webディレクター】
　プロデューサーが作成した予算や方向性、プランナーの企画書にしたがって、実際にサイトをつくる現場監督的な役割をにないます。

【アートディレクター】
　Webサイトのデザインの方向性を決め、デザイン制作のスムーズな進行を管理する役割があります。また、企画書や設計にそったデザインになっているかどうかなどをチェックする役目もあります。
　ほかにも、サイトのデザインをおこなう「Webデザイナー」、文章を書く「コピーライター」、プログラミング作業をおこなう「コーダー」（P28参考）などが協力してひとつのWebサイトをつくりあげます。

Webサイト制作の流れをみてみよう！

1 依頼主との打ちあわせ
最初におこなうのは、依頼主との打ちあわせ。サイト制作の目的やどんな人にみてほしいのかなど、依頼主の要望を聞きだします。

2 企画
打ちあわせをもとに、予算やスケジュール、サイトのコンセプト（基本方針）、どんなコンテンツ（内容）にするのかなどを決めます。

3 サイト設計
Webに掲載する項目の詳細な内容や掲載する順番などを決定します。みる人をひきつけるだけでなく、つかいやすい設計がたいせつです。

4 制作
デザインコンセプトにそって、サイトで使用する画像や文章、イラストなどの素材を集めます。デザインが完成したら、プログラミングなどの作業をおこないます。

5 公開・運用
テストをくりかえして問題がなければ、完成したサイトを公開。公開後は、依頼主や利用者の声を聞きながら、定期的に画面や情報の更新、ページの追加などをおこなっていきます。

Webサイト制作者

インタビュー
みる人の心を動かすWebサイト制作が目標

各分野の専門家がチームを組んで、Webサイトを制作。みる人が知りたい情報を、みやすく、わかりやすく伝えて、興味や関心をもってもらうことが大事です。

株式会社アマナ　Webサイト制作チーム

この仕事をするきっかけは？

●私は絵を描くことが好きだったので、それを生かせる仕事をしたかった。でも絵がじょうずじゃなかったので画家は無理だと思い、グラフィックデザインの仕事をえらびました。仕事をしながらキャリアアップの延長で、アートディレクターに昇格できました。

能上 英之 さん
アートディレクター

土方 由美 さん
Webディレクター

●出版社で編集の仕事をしていたのですが、アメリカにわたって新聞社でインターン。そこで、時間の制約や国境をこえて情報を発信したり受信したりできるWebに出会い、帰国後はWebの事業会社に就職。プロジェクトによってプロデューサーやプランナーなどいろいろな職種を経験しています。

うれしいこと、楽しいことは？

●ひとつのプロジェクトをチームで協力しながらつくりあげていくのが楽しい。さまざまな技術や知識をもったメンバーがいて、自分では気づかなかった点を指摘してもらったり一人では思いつかなかったアイデアが生まれたり、相乗効果があります。

結城 香織 さん
プランナー

●岩渕（顔写真右ページ上）：プロデューサーの重要な仕事のひとつは、依頼主が決めた納期にきちんと間にあわせること。ですから、何といってもうれしいのは、チームメンバーが一丸となって作りあげたWebサイトをスケジュールどおりに公開できたとき。大きなよろこびと達成感にみたされる瞬間です。

もっと知ろう　ASEANってなに？

「ASEAN」は1967年8月に東南アジア地域の平和と安定や経済成長を目的に設立されました。現在10か国で構成されています。日本とASEAN諸国は、1973年から地域の平和と安全、経済の発展などの協力関係を築いています。2023年に日本・ASEAN友好協力50周年を迎え、記念Webサイトを制作、開設されました。

▲ASEAN（東南アジア諸国連合）加盟国は、上の地図の10か国です。
地図提供：日本アセアンセンター

仕事をしていてたいへんなことは?

岩渕 孝太郎 さん
プロデューサー

●ASEANプロジェクトでは国際機関ならではのむずかしさがありました。ASEAN加盟国は10か国あり、1か国ずつ代表的な写真を入れる、国名をアルファベット順に並べるなどの制約がありました。その課題をクリアし、時間的な制限もあるなかで、どこまで美しく魅力的な映像にしあげられるかに苦労しました。

●土方：私の仕事はデザイナーやコピーライター、コーダーなどいろいろな分野の専門家とかかわることが多いので、相手の職種や立場にあった指示のしかたや伝えかたがむずかしい。わかりやすく伝えるにはどうしたらいいか。コミュニケーションのたいせつさをあらためて認識させられました。

この仕事のやりがいは?

●結城：Webサイト制作では、文章や写真それに動画もつかって、みる人にサイトの目的や意図をわかりやすく楽しく伝えることができます。それによって、みる人の心を動かしたり、社会を動かしたりできる、やりがいのある仕事だと思います。

●岩渕：プロデューサーは制作の総監督で責任の大きな仕事ですが、それだけに完成したときの充実感

▲チーム制作ではメンバー間のコミュニケーションがたいせつ。チームメンバー全員がそろってミーティングをする機会は少ないが、個別にリモートでこまめにコミュニケーションをとりながら制作を進めた。

ややりがいがあります。Webをみた人から「ASEANについて知るきっかけになった」など、何らかの反応がかえってくると苦労がむくわれたと思えます。

Webサイト制作者になるには

とくに資格は問われません。大学や専門学校などの養成コースで専門技術を身につけ、卒業後はWeb制作会社に入社するのが一般的です。未経験者でも受けいれてくれる会社もあるので就職して経験を積みながら仕事をおぼえていく道もあります。

プロデューサーやアートディレクターをめざすなら、Webデザイナーやプログラマーなどで実務経験を積んでから就任するケースがふつうです。

この仕事への道

中学 → 高校・専門学校・大学など → Web制作会社 → Webサイト制作者

これだけは伝えたい！

人によろこんでもらえる仕事を！

●能上：私の娘は小学5年生です。娘に私が伝えていることは、人を思いやることができる人間や、人の役にたてる人間になることが、仕事でも生きるうえでもたいせつだということです。Webサイト制作は、人の役にたてる、よろこんでもらえる仕事なので、小中学生の皆さんにこの仕事にチャレンジしてみたいと思ってもらえたらうれしいですね。

好きなこと＋チャレンジを！

●土方：好きなことを仕事にしたいと思う人は多いと思います。それにプラスしてチャレンジ精神もたいせつにしてほしいですね。Webサイト制作は少し前までは世の中になかった新しい仕事です。これからもいままでなかった仕事が登場してくると思うので、積極的に新たなことにチャレンジしていく姿勢も大事なんじゃないかと思います。

AIエンジニア

探究心
リーダーシップ
チームワーク

AI（人工知能）技術を生活のさまざまな分野に活用して、心地よく幸せにくらせる社会をめざします。

▲炭酸飲料などの商品をスマホで撮影するだけで、AIがキャンペーン対象商品かどうかを判断してかんたんに応募できるシステムを開発した鈴木初実さん。シールを集めるなどの手間がいらない。

どんな仕事かな？

　AIは人工知能のこと。コンピュータの性能が大きく向上して、人間と同じように考えたり学んだりできるようになりました。身近なAI技術には、スマートフォンに語りかけると操作してくれる音声認識、車の自動運転、医療分野で病気を早期発見してくれる画像診断などがあります。また、文章を書いたり、絵を描いたり、音楽をつくったりできる「生成AI」も登場しています。AI技術は進化をつづけていて、今後もAIによって私たちの社会は大きくかわっていくだろうと予測されています。

　そうしたAIを開発する技術者がAIエンジニアです。AIエンジニアの仕事には、開発、学習、テストの3段階があります。「開発」ではAIを活用して解決したい問題や課題を考えて基本的なシステムをつくります。「学習」ではAIに学習させるデータの収集や作成をおこないます。「テスト」では開発したAIが正しく動くか、性能をたしかめます。

　私たちの生活に役だついままでにないAIを開発して、社会をより豊かで便利にすることが、AIエンジニアのやりがいだといえるでしょう。

◀お客さんの要望を聞いて、AIシステムの開発や設計を考えたり、チームメンバーにプログラミングを指示したり、AIエンジニアの仕事は幅広い。

インタビュー

AI技術で世の中をよくしたい

鈴木 初実 さん
株式会社電通デジタル

物事のしくみを考えるのが好き。AIでお客さんの要望を解決するしくみをつくり、よろこんでもらえると充実感が得られます。

この仕事をするきっかけは？

大学と大学院では生物学を専攻。手の形はどうしてこういう形になるのか。そんな研究をしていました。「科学知識を生かして世の中をよくしていこう」という会社の理念に共感して入社。数学が苦手でプログラミングの経験もなかったので、入社してから統計学やプログラミングを猛勉強しました。

楽しいこと、たいへんなことは？

仕事をしていて楽しいのは、AIが自分の思ったとおりに動いてくれたとき。ものづくりでは、頭の中に自分の考えたイメージがあるので、私が設定したルールをAIがちゃんと守って、イメージどおりのものができたときがうれしいですね。

AIは、人間より短時間でたくさんのことをできますが、人間が命令して教えてあげないと動いてくれません。ですから、自分の思いどおりのAIをつくるには、じょうずに教えることが大事。どんなふうに教えたらうまくいくのか。それを考えるのが、この仕事のむずかしさでたいへんなところです。

仕事で心がけていることは？

科学技術を世の中に役だてたい、といつも思っています。AI技術はその道具のひとつ。私たちがもっと快適に心地よくくらせるように、さまざまな分野でAIの活用を考えていきたいですね。また、私はチームリーダーでもあるので、スタッフとのコミュニケーションもたいせつにしています。

AIエンジニアになるには

AIの開発にはデータ分析やプログラミングなどの知識と技術が必要です。情報科学や情報工学系の大学や専門学校でAI関連の専門的な知識を学び、AI開発会社や研究機関に就職するのが一般的です。

わたしのアイテム

▲在宅勤務も多いので、持ちはこびに便利なノートパソコンとスマホは必須アイテム。考えをまとめるのに役だつのはノートに書くこと。ボールペンはイタリアの伝統あるブランド「ピナイダー」を愛用する。

これだけは伝えたい！

世の中のしくみに興味をもって！

車はどうして動くのか。人間の手はどうしてこんな形なのか。物事のしくみに興味をもってほしいですね。それを考えることは、物ごとの理解を深めることになり、論理的な考え方を身につけることもできるので、AIエンジニアの仕事に役だつと思います。

この仕事への道

| 中学⇒高校 | 専門学校・大学・大学院など | AI開発会社・AI研究機関など | AIエンジニア |

ゲーム機開発者

地道にこつこつ
チームワーク
コミュニケーション

ゲームを快適に楽しんでもらうために、ゲーム機やネットワークの品質向上や安定運用につとめます。

▲プレイステーション（以下PS）5で楽しめる『アストロズプレイルーム』。ゲームを快適に楽しむための機能開発やシステム運用を担当している戸田綾佳さん。▶PSでは目標を達成できるとトロフィーを獲得できる。トロフィーのスムーズなシステム運用やトラブル対応は戸田さんの仕事のひとつ。

どんな仕事かな？

　ゲーム機には、テレビに接続して家で遊べる家庭用ゲーム機と、ゲームセンターに置いてあるようなアーケードゲーム機があります。パソコンやスマートフォンでプレイできるソーシャルゲームは、インターネット上で提供されるので専用のゲーム機は必要ありません。

　どのゲーム機でプレイするにしても、ゲームを快適に楽しめるようにゲーム環境をつくりあげるのが、ゲーム機開発者の仕事といえるでしょう。

　現代の家庭用ゲーム機は、インターネットに接続することを前提とした設計になっています。インターネット上で友だちといっしょにプレイを楽しんだり、遊びたいゲームを購入・ダウンロードしたり、新しい機能を追加できるようになっています。

　ゲーム機開発者の仕事は、インターネットに接続したゲーム機でプレイする利用者に、さまざまなサービスや機能を提供するためのソフトウェアを開発することなどです。さらに、サービスにトラブルが発生したらそれを解消し、快適に遊べる環境を継続的に維持する運用という仕事もあります。

◀PSは、1994年12月に初代モデルが発売された家庭用ゲーム機。立体的な高画質画面が世界中で人気を集めている。

24

インタビュー

世界中のゲームファンに快適プレイを提供

**だれでも自宅で手軽に楽しめるのがゲームの魅力。
楽しくプレイできる環境をつくるのがやりがいです。**

戸田 綾佳 さん
株式会社ソニー・インタラクティブエンタテインメント

この仕事をするきっかけは？

父がPSの愛好者で、私も小学3、4年のころからPSポータブルで遊んでいました。直接のきっかけは、大学の研究室でサーバーの運用業務を経験し、トラブルがおきたときにそれを解消する仕事にやりがいを感じたこと。就職活動では、ゲーム業界でのサーバー運用の仕事をさがして入社しました。

わたしのアイテム

▲仕事の必須アイテムはPS5とパソコン、スマートフォン。休日にプレイを楽しむことも。スマートフォンは提供サービスに障害が発生した場合に通知がとどくので常時手ばなせない。

これだけは伝えたい！

女性エンジニアをめざしませんか

私の所属する開発部で女性エンジニアは、全体の10分の1ぐらい。女性エンジニアがもっとふえてほしい。会社でもリモートや時短勤務など、女性にとってもはたらきやすい職場環境に力を入れています。女子・小中学生のみなさん、エンジニアをめざしませんか。

楽しいこと、たいへんなことは？

提供サービスに障害がおきたときにその原因を根気よく調べて、解決できたときが、いちばんうれしいし楽しさを感じられます。

たいへんなのは、障害がおきたら休日や夜でもすぐに対応しなければならないこと。夜間対応はチームメンバーが交代でおこない、障害が発生すると担当者のスマホによびだし音が鳴るしくみ。緊急地震速報のようなよびだし音が鳴るととびおきます。

仕事で心がけていることは？

利用者のゲームプレイに支障が出ないようにすることを第一に考えています。また、新しい技術が次々と導入されるので、社内の勉強会には積極的に参加することにしています。社内には優秀な先輩が多いので、わからないことは一人でなやむより先輩に聞いたり教えてもらったりを心がけています。

ゲーム機の開発者になるには

ゲーム機はスマートフォンやパソコンと同様、通信機能をそなえた高性能コンピュータです。また、ゲーム機本体を設計、製造する技術だけでなく、インターネットなどに関する幅広い知識も必要とされます。学歴や資格は問われませんが、コンピュータサイエンスや情報通信、電気電子工学などの分野を大学や専門学校などで学ぶのが就職への近道です。

この仕事への道

中学⇒高校 → 専門学校・大学・大学院など → ゲーム機開発・製造会社 → **ゲーム機開発者**

アプリ開発エンジニア

チームワーク
地道にこつこつ
コミュニケーション

パソコンやスマホでつかえるアプリをつくり、私たちの生活をもっと豊かで便利に楽しくします。

▲アプリ開発では、チームミーティングで意見交換しながら進めていくことも多い。自分のアイデアをメンバーに説明する久野文菜さん。

どんな仕事かな？

アプリとはアプリケーションソフトウェアの略称で、特定の用途や目的のためにつくられた、パソコンやスマートフォン、タブレットなどでつかえるソフトウエアのことです。たとえば、メッセージを送るアプリ、写真を撮るアプリ、道順を教えてくれるアプリなど、種類も用途もさまざまなアプリがあります。いままで世の中になかった新しいアプリを開発するのが、アプリ開発エンジニアの仕事です。

どんなアプリをつくったらよろこばれるか、こんなアプリがあれば生活がもっと豊かで便利になるのではないか、そんなアイデアをもとにアプリ開発で大事なのは、具体的にどういうアプリをつくるのかを明確にすることです。だれにつかってほしいのか、どんなときに役だつのかなどをチームで話しあいながら、アプリの内容をひとつひとつ細かく決めていきます。

内容が決まったら、画面構成やレイアウトなどアプリの設計を考え、プログラミングなどの作業をおこないます。開発が終わったら問題なく動くかをテストし、公開後も不具合の修正や機能の追加など、つかう人に満足してもらえるアプリ開発にとりくみます。

▶作業しやすいようにノートパソコンに外付けキーボードを愛用している。

26

インタビュー

みんなに愛されるアプリをつくりたい

年代や性別、スマホの機種などにかかわりなく、
だれでも楽しくつかえるアプリ開発をめざします。

久野 文菜 さん
株式会社 MIXI

この仕事をするきっかけは？

大学で情報工学を学び、ゼミでアプリ開発も経験して、在学中にオーケストラなどの多重奏から特定の楽器の音をぬきだせる「音楽分離アプリ」を開発しました。独立行政法人情報処理推進機構の「未踏 IT 人材発掘・育成事業」に応募して「未踏スーパークリエータ」に認定されたのが、アプリ開発の道に進む自信になりました。

わたしのアイテム

▲スマートフォンは、iPhoneとAndroidで開発方法がちがうので両方持っている。アイデアをまとめるために利用するのはタブレットやスケッチブック。

これだけは伝えたい！

英語力を身につけよう！

IT業界は、アプリ開発の仕事をふくめて国際化しています。コンピュータ言語の説明などは英文で書かれていることが多く、新たなIT技術の発表などには英語がつかわれます。この分野で活躍したいなら、いまから英語をしっかり勉強しておくといいと思います。

楽しいこと、たいへんなことは？

電車の中で私がつくったアプリをつかっている人をみかけたり、友人が私のつくったアプリと知らずにつかっていたりすると、最高にうれしいですね。開発がうまくいっても利益が出るしくみを考えたり、アプリを無料提供する場合は、じょうずな広告の活用法を考えたりしなければならないのがたいへんです。

▶久野さんが開発にたずさわったSNSアプリ「mixi2」。友人知人や趣味の仲間との交流に便利で投稿文にアニメーションをつけられる。

仕事でたいせつにしていることは？

最新の機能を追求するだけでなく、つかう人の立場にたって考えることを心がけています。また、年代や性別、iPhoneやAndroidの機種にかかわりなく、だれでも楽しく便利につかえるアプリ開発を目標にしています。

アプリ開発者になるには

特別な資格は必要ありません。大学・専門学校などでコンピュータやインターネットの基礎知識とシステム設計やプログラミングなどの基礎技術を学び、アプリ開発会社に就職するのが一般的です。

この仕事への道

中学	高校・専門学校・大学など	アプリ開発会社	アプリ開発エンジニア

ネットワークエンジニア

地道にこつこつ / チームワーク / コミュニケーション

さまざまな環境にあわせて最適なネットワークをつくり、システムの安全を見守ります。

情報化社会といわれる現代では、環境にあわせたコンピュータネットワークづくりが欠かせない。

インターネットはコンピュータによって世界中の人々とむすばれていますが、このような通信網をネットワークといいます。ネットワークは、家庭はもちろん行政機関、病院、学校、企業など社会のあらゆるところで利用されています。ところが、それぞれの環境で利用方法や目的がちがうため、ネットワークの構成や使用する機器などは状況に応じてことなります。ネットワークエンジニアは、企業や病院などの環境に最適なネットワークをつくりあげ、それを守っていく仕事です。ネットワークエンジニアになるには、専門学校や大学で情報処理や電気通信の基礎知識や技術を学ぶとよいでしょう。

この仕事への道

中学⇒高校 → 情報処理系専門学校・理工系大学 → コンピュータメーカー・ソフトウェア開発会社など → ネットワークエンジニア

コーダー

探究心 / 地道にこつこつ / コミュニケーション

Webサイトのできばえやみやすさを決める重要な仕事で、ニーズがふえています。

コーダーとWebプログラマーは似た職種ですが、前者はデザイン、後者はシステム全体をつくる仕事。

WebデザイナーがデザインしたWebサイトを、実際にWebサイトでみることができるように制作する仕事です。具体的には、HTMLやCSSといった言語をつかってソースコードを入力する作業をおこないます。この作業をコーディングといい、作業を担当する人をコーダーとよんでいます。Webサイト制作の最後の工程であり、Webページのできばえやみやすさを左右する重要な仕事です。

Webデザイナーがコーディングまで担当する場合もありますが、Webサイトの大規模化や複雑化によってコーディングを専門におこなうコーダーが求められるようになってきています。

この仕事への道

中学⇒高校 → 専門学校でHTMLやCSSを学ぶ／独学 → Webサイト制作会社 → コーダー

システムエンジニア

探究心／リーダーシップ／コミュニケーション

目的にあわせてコンピュータシステムを設計します。

システムエンジニア（SE）は、私たちのくらしや企業の事業活動に役だつようなコンピュータシステムを設計、開発する専門家です。

まず、依頼主の要望をよく聞いて、どういう業務をシステム化したいのかを確認します。次に、要望をかなえるためのシステムを設計、提案します。開発期間や予算などを決めておくこともたいせつです。どんなシステムにするかが決まったら、使用するコンピュータや通信回線などをえらび、設計図にもとづいてシステムをつくりあげます。できあがったシステムをテストして正しく動くか確認し、その後もシステムの改善や管理、点検などをおこないます。

資格はいりませんが、電子工学や情報処理系の専門学校や大学で知識や技術を学ぶのが近道です。

この仕事への道

中学⇒高校 → 専門学校・大学（電子工学・情報処理）など → コンピュータメーカー・ソフトウエア開発会社 → **システムエンジニア**

Webプログラマー

探究心／地道にこつこつ／コミュニケーション

Webサイトのプログラムをつくります。

コンピュータは、どんな作業をすればいいのか命令や指示をしなければ動きません。特別な言語をつかってコンピュータに命令や指示をあたえることをプログラミングといい、そのプログラムをつくる仕事をしているのがプログラマーです。

システムエンジニアが作成した設計図をもとに、WebサイトのプログラムをつくるのがWebプログラマーです。ホームページで情報を検索したり、ショッピングサイトで購入手つづきをしたりするしくみは、Webプログラマーがつくったプログラムによって実行されています。Webプログラマーに特別な資格は必要ありません。最近は、未経験でも入社後の研修などで基礎技術を習得し、はたらきながらスキルアップをめざすこともできます。

この仕事への道

中学・高校・専門学校・大学など → コンピュータメーカー・Web制作会社 → **Webプログラマー**

Webマーケター

探究心／地道にこつこつ／コミュニケーション

Web上で商品が売れるしくみをつくります。

Webマーケティングは、WebサイトやSNSを活用して商品やサービスが売れるしくみをつくることです。このWebマーケティングにたずさわる仕事をWebマーケターといいます。ホームページなどのWebサイトを利用するユーザー（消費者）の傾向や行動を分析し、マーケティング戦略へとつなげていくのが重要な役割です。具体的な仕事の内容としては、Webサイトへのアクセス数、広告からの流入数、問い合わせ数などさまざまなデータを集めて分析し、検証や改善をおこないます。それによってWebサイトの登録者数やページ閲覧数の増加をはかります。また、LINEやInstagramなどのSNSを利用してユーザーを引きつける情報を発信するのもWebマーケターの仕事です。

この仕事への道

中学⇒高校 → 専門学校・大学など → Web系会社・広告代理店 → **Webマーケター**

インフルエンサー

地道にこつこつ
アートセンス
コミュニケーション

YouTube、TikTokなどのSNSに動画を投稿。チャンネル登録者数をふやして収入を獲得します。

▲小学校から高校まで女子サッカー選手だった経験をいかして、YouTube、TikTok、Instagramに動画を投稿。インフルエンサーとして活躍するしずさん。撮影場所の国立競技場で。

どんな仕事かな？

　インフルエンサーとは、YouTube、TikTok、InstagramなどのSNSで一定数のチャンネル登録者（フォロワー）をもち、世間の人々に影響力のある人をさします。インフルエンサーは影響を意味する英語の「influence（インフルエンス）」が語源です。インフルエンサーの投稿をみた人が、そのライフスタイルをまねしたり、紹介された商品を購入したりしていることから〝影響力のある人〟という意味でインフルエンサーとよぶようになりました。

　インフルエンサーの主な仕事は、動画や写真などを作成し、定期的にSNSに投稿、配信することです。動画の種類は、音楽、ダンス、ペット、ゲーム、スポーツなどさまざま。最初にどの分野でインフルエンサーとして活動したいかを決めることが大事。また、フォロワー数や動画の再生回数で収入を得ることができるので、「おもしろい」「もっとみたい」と思われるような動画制作がたいせつです。

　インフルエンサーが発信した投稿は、フォロワーからさらに別の人へと情報が広がり、SNSをつう

▲YouTubeの「しずチャンネル」画面。

▲最近は、しずさんをはじめ、複数のSNSに投稿、配信するインフルエンサーが多くなっている。

じてより多くの人々に拡散されます。その影響力の大きさから、商品やサービスのPR活動にインフルエンサーを起用する企業がふえています。たとえば、スポーツファンに人気のインフルエンサーを起用して、自社のスポーツ用品を紹介してもらえば、従来の広告にくらべて消費者に直接情報をとどけやすく、商品の購入につながりやすいというわけです。

インフルエンサーが収入を得る方法は、SNSによってちがいます。YouTubeの場合、収入を得るにはまず「パートナープログラム」への参加が必要です。さらに、「チャンネル登録者数が1000人以上」「直近の12か月間で4000時間以上動画が再生されている人」などの条件があり、動画の視聴回数に応じて収入が得られるしくみです。

つまり、YouTubeをはじめたからといって、すぐに収入を得られるわけではなく、まずはチャンネルを登録してくれる人の数や動画の視聴回数をふやすことからはじめなければなりません。

TikTokの場合も動画視聴数に応じて報酬が支払われますが、「登録者数1万人以上、30日間の再生回数10万回以上」などの条件があります。また、企業の依頼を受けて商品を紹介したりPR活動をしたりすれば謝礼を受けとることもできます。

人気インフルエンサーになると、テレビに出演したり、書籍を出版したり、企業とのコラボでオリジナル商品を販売したりと幅広く活動できます。

動画投稿の流れをみてみよう！

1 企画をたてる

せっかく動画を配信しても、たくさんの人にみてもらえなければ収入は得られない。どんな動画を投稿すれば人気になるか、アイデアや企画を考える。

2 撮影と録音

企画にもとづいて、動画の撮影や録音をおこなう。どんな映像にすれば興味をもってもらえるか、音声は聞きとりにくくないか、視聴者の視点にたって撮影や録音を心がける。

3 編集・投稿

パソコンの動画編集ソフトなどを利用して、撮影・録音した映像の編集作業をおこなう。おもしろくない部分はカットしたり、シーンにあわせて文字を入れたり、わかりやすくおもしろい動画になるように編集。納得のいく作品が完成したらSNSに投稿。

インフルエンサー

インタビュー

女子サッカーをテーマに動画配信

好きなことや得意なことで動画を作成、配信して、
たくさんの人に楽しんでもらえるのがよろこびです。

しず さん
株式会社 Carry On

🎤 サッカーをはじめたきっかけは？

兄がサッカーをしていたので、兄といっしょに3歳のころからボールをけっていました。小学3年のときにサッカーのクラブチームに入り、中学、高校では女子サッカー選手としてレギュラーで活躍。高校で大きなケガを二度もしたので、卒業と同時に選手引退を決意したんです。大学ではサークルに入って楽しみながらサッカーをつづけてきました。

▶ドイツでドルトムントとバイエルンのサッカー試合を観戦したときのTikTok画面。

もっと知ろう 代表的な動画投稿サイト

TikTok：ショート動画専用のSNSで10代から20代の若い世代に人気。投稿動画は最長10分。利用は13歳以上、収入が得られるのは18歳以上。

YouTube：投稿時間が長く（規定15分まで、最長12時間）、エンタメ性の高い動画が人気。最長3分のショートも登場。利用は13歳以上、収入獲得は18歳以上。

Instagram：写真中心のSNSとして人気。最長3分のショート動画「リール」が追加された。利用は13歳以上。

動画の投稿をはじめたのはいつ？

高校3年の部活引退後に、友だちとダンス動画をTikTokに投稿したのが最初。大学に入ってからサッカーのドリブル動画を投稿したら話題になり、次に〝女子サッカーのあるある〟をテーマにしたらバズった（視聴回数や登録者数が爆発的にふえること）。ショート動画を中心にTikTokとYouTubeで配信していて、Instagramもやっています。

インフルエンサーを仕事にした理由は？

大学を卒業後は就職するかどうかですごく迷った。でも動画投稿でアルバイトより高額の収入が得られていたし、自分の好きなことをした方がいいと就職活動はしないと決断。ところが、両親が猛反対。パワーポイントでインフルエンサーや今後の人生設計の企画書を作成して両親にプレゼン。家を出て1年近く仕送りなしで自活し、実績をつくって、ようやく就職しないことを許してもらいました。

わたしのアイテム

▶前列左から時計回りに、動画撮影に便利な超小型で手ブレ補正機能つきカメラ『オズモポケット3』（DJI製)、『SFIDA（スフィーダ）』のサッカーボール、スペインのスポーツ用品メーカー『Joma（ホマ）』のスポーツシューズ、しずさんがサッカーをするときのトレードマークでもあるヘアバンド。

▲しずさんは、高校時代はサッカーの強豪校で、背番号10番を背負ってフォワードとして活躍した。

 ### 仕事をしていて楽しいことは？

ふつうでは会えないような、なでしこジャパンの女子サッカー選手と対談したり、タイアップ企画でドイツのサッカー場でドルトムントとバイエルンの試合を観戦したり。そんな夢のような経験ができたのは、インフルエンサーであればこそ。この仕事をしていてよかったと心から思っています。

 ### 仕事でたいへんなことは？

悪口や批判的な発言などのアンチコメントの書きこみがあると、とっても傷つきます。「チャンネル登録数がふえればだれにでもあることだから」というけど、落ちこんで食事がとれなくなってしまうこともあります。なかなか慣れないし、逆に慣れたらこわいなって思います。アンチコメントは絶対にやめてほしいですね。

◀しずさんはTikTokやYouTubeで、主にショート動画を投稿。スマホでの自撮りのようす。

 ### 仕事でたいせつにしていることは？

いろいろな人と会うことも多いので、あいさつやマナー、ことばづかいに気をつけています。急に有名になったり人気になったりすると、尊大な態度をとったりわがままになったりする人もいるので、いつも謙虚であることを心がけています。
最近、チャンネル登録者数がのびなやんでいて、この壁をこえる動画を模索中。社会人としてしっかり仕事とむきあっていくこともたいせつにしたい。

インフルエンサーになるには

SNSに動画を投稿すればだれでもインフルエンサーになれますが、収入を得て生計を立てることは容易ではありません。インフルエンサーを職業とするためには、企画力や撮影・編集技術などをしっかり身につけること。独学で学ぶこともできますが、動画制作の専門学校もあります。投稿をつづけてファンをふやしていく根気も必要です。

これだけは伝えたい！
得意分野をもつことが大事

私がインフルエンサーとして活動できたのは女子サッカーという得意分野があったから。インフルエンサーになりたい人におすすめしたいのは、ほかの人にはまねのできない得意分野をみつけること。そして、それをきわめること。好きで得意なことは、自分の強みになり、人よりうまくできたり、がんばれたりするでしょう。得意分野をみつけて、それを生かしてください。

この仕事への道

中学・高校・専門学校・大学など → SNSに動画を投稿 → チャンネル登録者数・再生回数をふやす → インフルエンサー

33

SNS運営担当者

探究心
リーダーシップ
コミュニケーション

15歳以下のこどもたちが楽しく安全に動画や写真を投稿できるSNSを開発、運営しています。

▲こどもたちが安心して利用できるSNSがなかったので、こどものためのSNSを開発、運営する。6人のこどもの父親でもある本山勝寛さん。

どんな仕事かな?

SNSは、登録した利用者どうしがインターネットを通じて交流したり情報を発信、収集できるサービスです。世界中で利用されているSNSには、LINE、Instagram、TikTokなどがあります。ただし、LINEは12歳以上、InstagramやTikTokは13歳以上がサービスの対象なので小学生は利用できません。そこで、15歳以下のこどもむけSNSとして開発されたのが4Kizです。

SNSを運営する仕事は、つかいやすさや機能の充実、新しいサービスの追加、ネット上での利用者との交流などをとおして、登録する人をふやしていくことがたいせつです。無料で運営していく場合は、資金集めも重要です。広告収入をふやすために企業に営業に出かけたり、インターネットを通じて資金を集めたりする仕事もあります。

SNSにはだれでも気軽に自分の意見や思ったことを投稿できますが、個人の悪口や無責任なうわさを広めてしまうおそれもあります。投稿内容のチェック体制づくりや分析、個人情報の管理などもが必要です。

◀SNSでは利用者が投稿したくなるしくみづくりもたいせつ。夏休みの自由研究を4Kizに応募してもらうコンテストなどをおこなっている。

インタビュー

安心安全なこどもむけSNSを提供

本山 勝寛 さん
株式会社 4Kiz

"こどもの、こどもによる、こどものためのSNS"を、
世界中のこどもたちに利用してもらうのが目標です。

この仕事をするきっかけは？

大学卒業後、家庭環境に問題があるこどもたちの支援の仕事をしていて、私自身6人のこどもの父親でもあります。娘は絵がじょうずでSNSに投稿すれば刺激になって、もっと才能がのびるのではないかと思ったのですが、当時11歳の娘が投稿できるSNSがありませんでした。それで仕事や子育ての経験を生かして、自分でこどものためのSNSを開発、運営することにしました。

うれしいこと、たいへんなことは？

うれしいのは、じわじわと会員数がふえていることです。それもこどもたちが自分でみつけて登録してくれるのが一番うれしい。こどもの人口（15歳未満）は、日本で約1400万人、世界では約20億人。日本だけではなく、世界中のこどもたちがつかえるように使用できる言語をふやすのが課題です。

おおぜいのこどもたちがつかえるように無料にしたので、たいへんなのは資金集め。広告や寄付をことわられてもあきらめずに足をはこんでいます。

仕事でたいせつにしていることは？

会社名の4Kizの由来は、「for kids（こどものために）」。名まえのとおりこどものためになるかどうかを考えて運営をつづけていくことを人事にしています。

わたしのアイテム

▶ SNSの魅力のひとつはリアルタイムで会話が楽しめること。時間や場所をえらばずにつかえるスマートフォンはこどもたちとの交流に欠かせないアイテム。

▶ 本山さんは教育への関心も高く、こどもの創造力や自分で考える力をのばすことができるワークブック「そうゾウくんとえほんづくり」も制作。

SNS運営担当者になるには

資格はいりません。高校や専門学校、大学などでインターネットに関する基礎知識を学び、SNS運営会社に就職するほか、自分でSNS会社を起業して運営することもできます。

これだけは伝えたい！

いっしょにはたらきましょう！

InstagramやTikTokなどの利用者は、国籍をこえて世界中に広がっています。SNSは今後さらに成長が期待されている分野なので、興味や関心があったら、将来いっしょにはたらいてみませんか。

この仕事への道

中学・高校・専門学校・大学など	SNS運営会社 / 自分で起業・運営	SNS運営担当者

ホワイトハッカー

探究心
地道にこつこつ
コミュニケーション

コンピュータに侵入して悪さをするサイバー犯罪から世の中の人々を守るセキュリティの専門家です。

▲ホワイトハッカーとしてセキュリティ関連業務のかたわら、次世代のホワイトハッカーの育成にも力を入れている米光一也さん。技術力向上をめざして、世界的に有名なハッキングコンテスト「DEF CON CTF」に参加するチームのリーダーもつとめている。

どんな仕事かな？

「ハッカー」ということばは、本来、コンピュータについて、すぐれた知識や技術をもつ人のことをいいます。ハッカーのなかで、その知識や技術を社会のために役だてる人をホワイトハッカー、犯罪行為に利用する人をブラックハッカーとよんでいます。

ホワイトハッカーは、コンピュータに不正に侵入して大事な情報をぬすんだり、プログラムを破壊したりする、ブラックハッカーの悪意のあるサイバー攻撃から情報やシステムを守る仕事です。

主な仕事の内容は、コンピュータの安全性に問題がないかシステムをチェックすることです。コンピュータウイルスに感染していないか、不正なプログラムが埋めこまれていないかなども調べて、問題があれば対策を提案します。また、サイバー攻撃にそなえてあらゆる角度から対応策を考えるのも重要な仕事です。不幸にもサイバー攻撃の被害にあってしまったときは、それ以上被害が拡大しないようにコンピュータを守ったり、元の状態にもどしたりします。

サイバー攻撃は、ふえているだけでなく巧妙になっていてホワイトハッカーの重要性が高まっています。

▲人材の育成には練習環境の提供が大事。世界大会に参加するだけでなく、社内でハッキングコンテストを開催して技術力を高めている。

インタビュー

ブラックハッカーから社会を守ります

米光 一也 さん
株式会社日立ソリューションズ

セキュリティ技術を社会に役だてられるのがやりがいです。
次世代の人材育成にもつとめています。

🎤 この仕事をするきっかけは？

ホワイトハッカーはまだ新しい仕事です。私は大学院で人工生命の研究をしていて、コンピュータにくわしくなりました。セキュリティの世界に飛びこんだのは、自分の得意分野で世の中の人々を助けられるかっこいい仕事だと思ったから。セキュリティエンジニアとして経験を積むなかで、ホワイトハッカーの仕事をするようになりました。

▶ノートパソコンとお気にいりのコースターつきカップ。仕事でしんどいときには、このカップでお茶やコーヒーを飲んでのりきる。

これだけは伝えたい！

人間に対する観察力が大事

ドラマやマンガではホワイトハッカーの〝かっこいい〟部分が強調されていますが、実際は地味な作業のつみかさねです。この仕事に興味があったら、英語や数学などの基礎学力をしっかり学んでおくこと。それから人をよく観察すること。人間をよく知ることが、この仕事をするうえでの強みになると思います。

仕事で楽しいこと、たいへんなことは？

いままで知らなかったコンピュータの深い知識や技術にふれることができたときはワクワクします。人から感謝されるのでやりがいもあります。

たいへんなのは、つねに最新の知識や技術を学習しつづける必要があること。たとえていえば、この仕事は大きな芝生の公園で落としてしまった指輪をさがすようなもの。地味な作業のくりかえしなので、それを楽しめる人でないとつらいと思います。

🎤 仕事でたいせつにしていることは？

コンピュータではなく、人をしっかりみて仕事をすることです。お客さんの要望を聞きだしたり、それをチームのメンバーに伝えたり、コミュニケーションがたいせつ。ブラックハッカーも人間だから犯罪に人間性があらわれる。それに気づくことで、犯罪をくいとめたり被害を少なくしたりできます。

ホワイトハッカーになるには

ホワイトハッカーには、コンピュータやネットワークだけでなく、機械学習や統計解析、アルゴリズム、プログラミング言語、数学や英語力など幅広い知識が必要です。専門学校や大学で情報工学などの基礎を学び、政府機関や企業のセキュリティ部門に就職し、実績や経験を積みかさねながらステップアップをめざすのが一般的です。

この仕事への道

中学⇒高校 → 専門学校・大学など → 政府機関・企業のセキュリティシステム部門など → ホワイトハッカー

ボードゲーム開発者

探究心
チームワーク
地道にこつこつ

人と人とが顔をあわせて遊べるボードゲームを開発、紹介して、みんなに楽しんでもらいます。

▲ボードゲーム専門店には、国内で開発されたボードゲームだけでなく、本場ドイツをはじめ、海外から輸入した製品も数多くならぶ。月に一度は店頭でお客さんの接客にあたる萩野谷美岬さん。

どんな仕事かな？

ボードゲームは、主にテーブルの上でコマやカード、サイコロなどの道具をつかって遊ぶゲームです。一般的には、コンピュータやゲーム機をつかわないゲームをさします。昔からある将棋やチェス、オセロなどもボードゲームのひとつですが、最近では相手に勝つことよりゲームの過程を重視する、プレイヤーどうしで協力して楽しむなど、新しい遊び方ができるゲームもふえています。

プレイヤーの興味をひくあらたなボードゲームを開発したり、海外で人気のボードゲームを日本むけにアレンジしたりするのが、ボードゲーム開発者の仕事です。ボードゲームにはさまざまなジャンルがあり、遊ぶ人の年齢や人数などにあわせてゲームのしくみやデザインなどをくふうすることも大事になります。ボードゲームの魅力は、みんなが集まって遊べる対面コミュニケーションであること、こどもからおとなまで楽しめること、種類や難易度が豊富で自分にあったゲームをえらべることなどです。

最近は、飲食しながらプレイできるボードゲームカフェや自作ゲームをゲームマーケットに出品する人もふえていて、ボードゲーム人気が高まっています。

▶実際にプレイしてみないとゲームのよしあしがわからないので、社員どうしでプレイする「試遊」も大事な仕事のひとつ。「試遊」の評価で販売するかどうかを決める。

38

インタビュー

こどもからおとなまで楽しくプレイ

萩野谷 美岬 さん
株式会社すごろくや

こどものころからボードゲームに熱中。勝敗だけではないボードゲームのおもしろさを伝えていきます。

この仕事をするきっかけは？

こどものころ、「カタン」というボードゲームを両親と私の3人家族でやっていて夢中になりました。大学時代はボードゲームカフェにハマって、そこで知りあった人にさそわれていまの会社でアルバイト。大学卒業後は、そのまま入社を決めました。

わたしのアイテム

▲萩野谷さんの仕事は、ボードゲーム開発だけでなく、商品の在庫管理や広報活動なども。在庫管理はパソコンで、ゲーム紹介記事に掲載する商品は自分でカメラ撮影も。

これだけは伝えたい！

ゲームだけではなくいろいろな経験を

好きなものがあると、そればっかりやっていたくなる気持ちはわかります。でも仕事をするうえで大事なのは、学校で勉強したことやいろいろな知識。だから、ゲームだけではなく、映画をみたり本を読んだり人と話をしたり、いろいろなことを経験してほしい。それがおとなになってから、きっと役だつと思います。

楽しいこと、たいへんなことは？

私がおもしろいと思ったゲームをみんなに紹介できるのがうれしい。勝敗にとらわれず会話を楽しみながら遊べるボードゲームの魅力を広められたら。ものづくりでむずかしいのは、客観的な視点をわすれないこと。ひとりよがりになってはダメですね。

仕事のやりがい、魅力は？

私が開発したゲームやみつけた海外のゲームが人気になったときには、やりがいを感じます。

海外メーカーとのとりひきも多いので、高校時代の1年間、アメリカ留学で身につけた英語を生かせるのも、仕事のやりがいにつながっています。

◀小・中学生に人気のボードゲーム。前列左は萩野谷さんが制作にたずさわった「音速飯店」。時計回りに「ゴブレット・ゴブラーズ」「キャプテン・リノ」「ナンジャモンジャ」。

ボードゲーム開発者になるには

学歴や資格は必要ありません。ボードゲームメーカーやゲーム制作会社に就職し、現場スタッフとして知識や経験を積んでから開発の仕事にたずさわるのが一般的です。また、専門学校や大学でデザインやデジタルアートなどを学び、独学でボードゲームを制作してフリーで活動する人もいます。

この仕事への道

中学 ⇒ 高校・専門学校・大学など / 自作ゲームをゲームマーケットなどに出品 → ボードゲーム販売会社・ボードゲーム開発会社 → ボードゲーム開発者

Vチューバー

探究心 / アートセンス / コミュニケーション

人間の動きや表情を反映させた架空のキャラクター「アバター」などが動画配信をおこないます。

アバターが人のように動くのは、モーションキャプチャー技術で人の動きをあてはめているからだ。

技術によってつくられた2Dや3Dキャラクター（アバター）が動画投稿やライブ配信をおこないます。ただし、Vチューバーの動きや声を演じるのは実在の人物で、「中の人」とよばれています。「中の人」の情報は公開されていない場合がほとんどです。

Vチューバーになるには、2つの方法があり、個人で活動する場合は、アバターや配信機材は自分で用意しなければなりません。事務所に所属する場合は、オーディションに応募して合格するとさまざまなサポートを受けて活動できます。

Vチューバーは「VirtualYoutuber（バーチャルユーチューバー）」の略で、モーションキャプチャー

この仕事への道

中学・高校・専門学校・大学など → 個人で活動／事務所に所属 → **Vチューバー**

サイバー犯罪捜査官

体力 / 地道にこつこつ / チームワーク

警視庁や道府県警察本部に所属して、サイバー犯罪やSNSの悪質な書きこみから国民を守ります。

ふだんはWebサイトを巡回し、違法とりひきなどを監視するサイバーパトロールをおこなっている。

インターネットやコンピュータへのサイバー攻撃をおこなうブラックハッカーやSNSで悪質な書きこみをおこなう人を捜査して検挙します。インターネットサービスの普及によってサイバー犯罪がふえていて、そうした犯罪から国民を守る仕事です。

警視庁や道府県警察本部のサイバー犯罪対策課などに所属し、インターネット上の違法なサイトや有害なサイト、悪質な書きこみなどをチェックするサイバーパトロールをおこないます。また、デジタルフォレンジック（電子鑑識）とよばれる技術で、攻撃されたサーバーを証拠として保存したり、サイバー攻撃の痕跡をたどったりして犯人を特定します。

この仕事への道

中学⇒高校 → IT関係の専門学校・大学など → 警視庁・道府県警察 → **サイバー犯罪捜査官**

データサイエンティスト

探究心 / 地道にこつこつ / リーダーシップ

ビッグデータを活用してビジネスをのばします。

IT技術が発展し、ビジネス、医療、行政、教育などさまざまな分野で大量のデータが収集できるようになりました。そうしたビッグデータを、統計学などをつかって理論的に分析し、各分野の課題の解決に役だてる専門家がデータサイエンティストです。とくに、企業において顧客情報などあらゆるデータを蓄積できるようになった反面、そのビッグデータを有効に活用している企業は多くはありません。データサイエンティストは、それらのビッグデータからビジネスに役だつ情報をみつけだし、分析、検証し、その結果をもとにビジネス戦略を提案します。統計学や数学、プログラミング、マーケティングなど幅広い知識が求められるので、専門学校や理系の大学で知識や技術を学ぶことが必要です。

この仕事への道

中学⇒高校 → 専門学校・大学など → IT企業・マーケティング会社など → データサイエンティスト

サーバーエンジニア

地道にこつこつ / チームワーク / コミュニケーション

サーバーを設計・構築して正常に動くように管理。

サーバーとは、サービスを提供している企業側のコンピュータをさし、インターネットを通じてユーザー（消費者）とつながっています。このサーバーを設計、運用するのがサーバーエンジニアで、仕事の内容は大きく分けると2つあります。1つはコンピュータシステムを運用するためにサーバー機器を組みたてる作業です。ネットワーク回線の通信速度や電源容量などサーバーの構成を設計します。もう1つはサーバーの運用と保守作業です。サーバーを実際に運用しながら、障害がおきたら原因をさぐり、問題なく動くように復旧作業をおこないます。OS（オペレーティングシステム）やネットワーク、セキュリティなどの知識が求められるので、専門学校や大学で基礎知識や技術を学ぶことが必要です。

この仕事への道

中学⇒高校 → 専門学校・大学など → IT企業・一般企業など → サーバーエンジニア

クラウドエンジニア

探究心 / チームワーク / コミュニケーション

企業に最適なクラウドサービスを提供します。

最近は、多くの企業や組織が自社にサーバーをもたずにクラウドサービスを利用することもふえています。クラウドエンジニアは、このクラウドサービスを利用してコンピュータシステムの設計、構築やメンテナンスをおこなうエンジニアです。

企業はクラウドサービスを利用することによって、ハードウェアやソフトウェアに設備投資することなく、つねに最新のシステムを必要なだけ利用することができ、運用にかかる労力とコストをおさえることができます。

クラウドエンジニアは、企業に最適なクラウドサービスをえらび、クラウド環境の設計と構築をおこないます。構築したクラウド環境が正常に動くように監視・維持する役割もあります。

この仕事への道

中学⇒高校 → 専門学校・大学など → IT企業・クラウドサービス会社 → クラウドエンジニア

在宅ナレーター

アートセンス / 地道にこつこつ / コミュニケーション

声優をめざす人の活動の場としても人気です。

ナレーションを自宅で録音する「在宅ナレーター」は、YouTubeなどの動画がふえたことで注目を集めている仕事です。YouTubeやLINEの動画やアニメのナレーション、企業広告のナレーション、オーディオブックなどに声をあてるのが主な仕事になります。未経験でもはじめられますが、聞きやすい発声や正確なアクセント、作品にあわせた表現力や語りの技術が必要です。ナレーション講座などで基礎技術を身につけることをおすすめします。また、自宅で仕事をするには、マイク、パソコン、音声編集ソフトなどが最低限必要になります。仕事を得るには、企業と仕事をさがしている人をマッチングさせるクラウドソーシングサービスに登録し、求人をみつけて応募するのが一般的です。

この仕事への道

中学・高校・専門学校・大学など → ナレーション講座／クラウドソーシングサービス → 在宅ナレーター

CADデザイナー

アートセンス / 地道にこつこつ / コミュニケーション

CADソフトで製品の完成形を創造します。

もともと建築業界で設計図をかくためにつかわれていたCAD（コンピュータ支援設計）。このソフトをつかい、これからつくる建造物や機械、乗り物、おもちゃなどの完成した形を表現するのがCADデザイナーです。CADは3DCGによってパソコンの画面上で立体を描いたり、画像を回転させてみえない部分をみえるようにしたり、デザイナーが考えたアイデアやイメージを画像にすることができます。また、データを複数のスタッフで共有して、作業を同時に進行できるので製作時間を大幅に短縮することもできます。CADデザイナーをめざすなら、大学（建築、土木、デザイン工学など）や専門学校（コンピュータ・設計・製図など）でCADデザインを学ぶといいでしょう。

この仕事への道

中学⇒高校 → 専門学校（建築製図、コンピュータ系）・理工系大学など → 建築会社・自動車メーカー・デザイン会社など → CADデザイナー

パソコンインストラクター

地道にこつこつ / リーダーシップ / コミュニケーション

パソコンやスマートフォンなどの操作方法を教えます。

パソコン教室などでパソコンやスマートフォン、タブレットなどの操作方法を指導する仕事です。受講者の目的にあわせて、文章作成ソフトのWord（ワード）、表計算ソフトのExcel（エクセル）、メールなどのつかい方も教えます。また、パスワードの設定やセキュリティソフトの導入など、安全な運用方法をアドバイスするのもパソコンインストラクターの役割です。コンピュータ機器はソフトウェアのアップデートや、新しい機能やソフトの追加などが常時おこなわれています。そのため、パソコンインストラクターは、つねに最新の知識や技術を習得しつづけることが必要です。資格がなくてもなれますが、もっていると有利な資格に、マイクロソフト社が主催するMOS認定資格があります。

この仕事への道

中学 → 高校・専門学校・大学など → パソコンインストラクター養成講座など → パソコンインストラクター

さくいん 1巻〜4巻（全120職種）

あ

アプリ開発エンジニア …………… ③ 26

い

異常気象研究者 ………………… ④ 6
板前 ……………………………… ② 36
衣服のリペア、リメイク技術者 …… ④ 42
インフルエンサー ………………… ③ 30

う

Webサイト制作者 ………………… ③ 18
Webプログラマー ………………… ③ 29
Webマーケター …………………… ③ 29
うどん職人 ………………………… ② 38

え

AIエンジニア ……………………… ③ 22
エコ住宅製作スタッフ …………… ④ 38
SNS運営担当者 ………………… ③ 34

か

カーボンニュートラル研究者 …… ④ 18
介護支援専門員 ………………… ① 16
海上保安官 ……………………… ① 28
海洋環境調査員 ………………… ④ 16
海洋プラスチック研究者 ………… ④ 12

河川点検士・河川維持管理技術者 …… ① 42
環境アセスメント調査員 ………… ④ 29
環境管理士 ……………………… ④ 29
環境計量士 ……………………… ④ 29
環境コンサルタント ……………… ④ 28
環境省職員 ……………………… ④ 28
観光農園スタッフ ………………… ② 24

き

気象庁職員 ……………………… ④ 16
気象予報士 ……………………… ④ 10
CADデザイナー ………………… ③ 42
キャラクターデザイナー ………… ③ 16
救急救命士 ……………………… ① 30

く

クラウドエンジニア ……………… ③ 41

け

ケアマネージャー ………………… ① 16
警察官 …………………………… ① 22
警察災害派遣隊 ………………… ① 22
警備員 …………………………… ① 41
ゲーム機開発者 ………………… ③ 24
ゲームクリエイター ……………… ③ 6
ゲームデバッカー ………………… ③ 17
ゲームプログラマー ……………… ③ 17

43

さくいん

こ
- コーダー ③ 28
- 国境なき医師団スタッフ ① 14
- ご当地グッズ開発者 ② 6
- ごみ収集作業員 ④ 17
- コンビニスタッフ ② 42

さ
- サーバーエンジニア ③ 41
- 再生資源回収・卸売人 ④ 17
- 在宅ナレーター ③ 42
- サイバー犯罪捜査官 ③ 40
- サウンドクリエイター ③ 14
- 山岳救助隊員 ① 29

し
- CGアーティスト ③ 12
- 自衛官 ① 18
- 地震学研究者 ① 40
- システムエンジニア ③ 29
- 社会体験授業 ①②③④ 46
- 車夫 ② 12
- 重機オペレーター ① 42
- 省エネ家電開発者 ④ 41
- 省エネリフォーム業者 ④ 41
- 消防官 ① 24
- しょうゆ製造工 ② 41
- 食品ロス削減取組者 ④ 42
- 真珠加工技術者 ② 29
- 心理カウンセラー ① 34
- 森林官 ① 40

す
- 水素発電システム開発者 ④ 34
- 水道局職員・水道事業者 ① 16
- スキー場スタッフ ② 17
- 寿司職人 ② 30

せ
- 精神保健福祉士 ① 17
- 清掃員 ④ 17
- 製茶工 ② 41
- 節水型機器の開発者 ④ 41
- 潜水士 ④ 24
- 扇子職人 ② 29

た
- 大工 ① 36
- 太陽電池の研究・開発者 ④ 36
- タクシー運転手 ② 16
- 脱炭素アドバイザー ④ 40

ち
- 地方整備局職員 ① 41

つ
- ツアープランナー ② 28
- つかいすて製品削減取組者 ④ 42
- 津波研究者 ① 42

て
- DMAT隊員 ① 6
- データサイエンティスト ③ 41
- デパ地下販売スタッフ ② 42

電気自動車研究・開発者	④ 26
展望台スタッフ	② 10

と

杜氏	② 18
土木施工管理技士	① 41

に

日本政府観光局スタッフ	② 28
入国審査官	① 29

ね

ネットワークエンジニア	③ 28

は

バイオガス発電所運転管理員	④ 30
バイオ技術者	④ 40
廃棄物処理施設技術管理者	④ 14
ハザードマップ作成者	① 12
バスガイド	② 14
パソコンインストラクター	③ 42
蜂の巣駆除の作業者	① 38
パティシエ	② 34
バリスタ	② 41

ひ

日帰り温泉施設スタッフ	② 17

ふ

VRクリエイター	③ 16
Vチューバー	③ 40
フードデリバリー	② 42
不動産デベロッパー	① 17

ブルーカーボン研究者	④ 22
プロeスポーツ選手	③ 10

ほ

防災グッズの開発者	① 26
防災士	① 10
防災テントの開発者	① 17
ボードゲーム開発者	③ 38
ホワイトハッカー	③ 36

み

道の駅スタッフ	② 22
土産物店店員	② 29

も

モーションデザイナー	③ 17

や

屋形船スタッフ	② 16
山小屋管理人	② 17

ら

ラーメン店店主	② 40
ライフセーバー	① 29

り

リゾートホテルスタッフ	② 26
猟師	① 28
料理配達員	② 42

わ

和菓子職人	② 40

コラム 社会体験授業

職場体験や企業訪問は、自分たちがくらす地域の会社やはたらく人への理解を深め、仕事への愛着や親しみをもつことにもつながります。ここでは埼玉県川越市の中学1年生が2日間、地元の事業所に出むいて、体験授業をしたようすと、その発見や感想をみていきましょう。

川越運動公園総合体育館

▲床補修の点検をして、目印にマーカーをおく体験。あとで修理をする。

▶使用後の卓球台をかたづけるようす。

- 今回は力仕事が多く、いつもこの仕事をしている方はすごいな、さすがだなと思った。
- 時間にも気をつけ、しっかり守れたのでよかった。
- 仲間と協力することと、あいさつのたいせつさを学べたので、ふだんの生活に生かしたいと思った。
- どの仕事内容にも意味があることがわかった。また、やりがいを感じることができた。
- これからの学校生活では、「あいさつ」「笑顔」「ちゃんと見てよく考える」などいろいろなことを教わった。
- 雑務が多くたいへんな分、得られるものが多いと思った。

株式会社サンテックス

- 将来自分もはたらく年齢になったら、この体験学習で学んだことなどを生かして仕事につきたいと思った。
- 事業所の人の話をよく聞いて、仕事にとりくむことができた。

▶工場の自動化に必要なメカ部分などを販売する専門商社で、袋詰めシーラー（密封する機械）をつかった作業を体験する生徒。

川越市立中央図書館

- 担当の方に、毎日朝と帰るときにあいさつができた。
- 担当の方にいわれたことを守り、やるべきことをしっかりできた。
- 自分の目標であった「職場の雰囲気を味わい、社会のしくみを知る」は達成できたと思った。
- 仕事というものがどのような形でなりたっているのか、上下関係のたいせつさなどを知ることができ、貴重な体験ができた。

▲図書館の書庫において、皆で協力して選書の出荷作業をした。

ウニクスボウル南古谷店

- コミュニケーション能力がはたらくうえでたいせつだと感じた。
- 「自発的に行動する」では、最初に指示された内容をしっかり理解して自発的に処理や掃除をおこなうことができた。
- 接客のたいせつさやまわりをみる力を知った。

◀ボーリング場でボールがもどってくる近辺を掃除する生徒。

埼玉トヨタ自動車川越店

- 責任感をもって活動することができた。また、班員と協力することができた。
- 車の見学をして、しくみなどを教えてもらった。

▶車の清掃作業をするようす。室内のほこりをすいとったり窓をふいたりする体験。

[新・仕事の図鑑] 編集委員会

取材・文
井田ゆき子

制作協力
有限会社大悠社

撮　影
淵崎昭治
割田富士男
石山貴美子

イラスト
ニシハマカオリ

デザイン
Sense of Wonder

編集・制作
有限会社データワールド

取材協力(敬称略・掲載順)
株式会社バンダイナムコスタジオ
株式会社セガ
株式会社QREAZY
株式会社INSPION
株式会社アマナ
株式会社電通デジタル
株式会社ソニー・インタラクティブエンタテインメント
株式会社MIXI
株式会社Carry On
株式会社4Kiz
株式会社日立ソリューションズ
株式会社すごろくや
川越市立川越第一中学校
川越運動公園総合体育館
株式会社サンテックス
川越市立中央図書館
株式会社ウニクスボウル南古谷店
埼玉トヨタ自動車株式会社川越店

写真提供(敬称略・掲載順)
株式会社バンダイナムコスタジオ
株式会社セガ
株式会社アマナ
日本アセアンセンター
株式会社MIXI
株式会社4Kiz
株式会社日立ソリューションズ

3　ゲームとインターネット

2025年3月28日　初版発行

編集	[新・仕事の図鑑] 編集委員会
発行者	岡本光晴
発行所	株式会社あかね書房
	〒101-0065　東京都千代田区西神田 3-2-1
電話	03-3263-0641(営業) 03-3263-0644(編集)
印刷所	TOPPANクロレ株式会社
製本所	株式会社難波製本

落丁本・乱丁本はおとりかえいたします。
定価はカバーに表示してあります。
© Data World 2025 Printed in Japan
ISBN978-4-251-07783-7
https://www.akaneshobo.co.jp

※この本に掲載されている内容は2024年取材・執筆時のものです。

NDC600
[新・仕事の図鑑] 編集委員会
未来へ ステップ！ 新・仕事の図鑑　3
ゲームとインターネット
あかね書房　2025年　47p　27cm×22cm

新 仕事の図鑑 未来へステップ！
第1期 全4巻

① 復興と安全
天災からの復興や日々の安全にかかわる職種を集めました。自衛官、防災グッズの開発者、救急救命士、大工、蜂の巣駆除の作業者など掲載。

② 食とインバウンド
食にまつわる仕事やインバウンド需要に応じる職種を集めました。バスガイド、観光農園スタッフ、寿司職人、パティシエなど掲載。

③ ゲームとインターネット
インターネットを利用して発展している職種を集めました。ゲームクリエイター、AIエンジニア、インフルエンサー、SNS運営担当者など掲載。

④ 環境とカーボンニュートラル
環境問題の研究や解決に携わる職種を集めました。異常気象研究者、海洋プラスチック研究者、バイオガス発電所運転管理員など掲載。